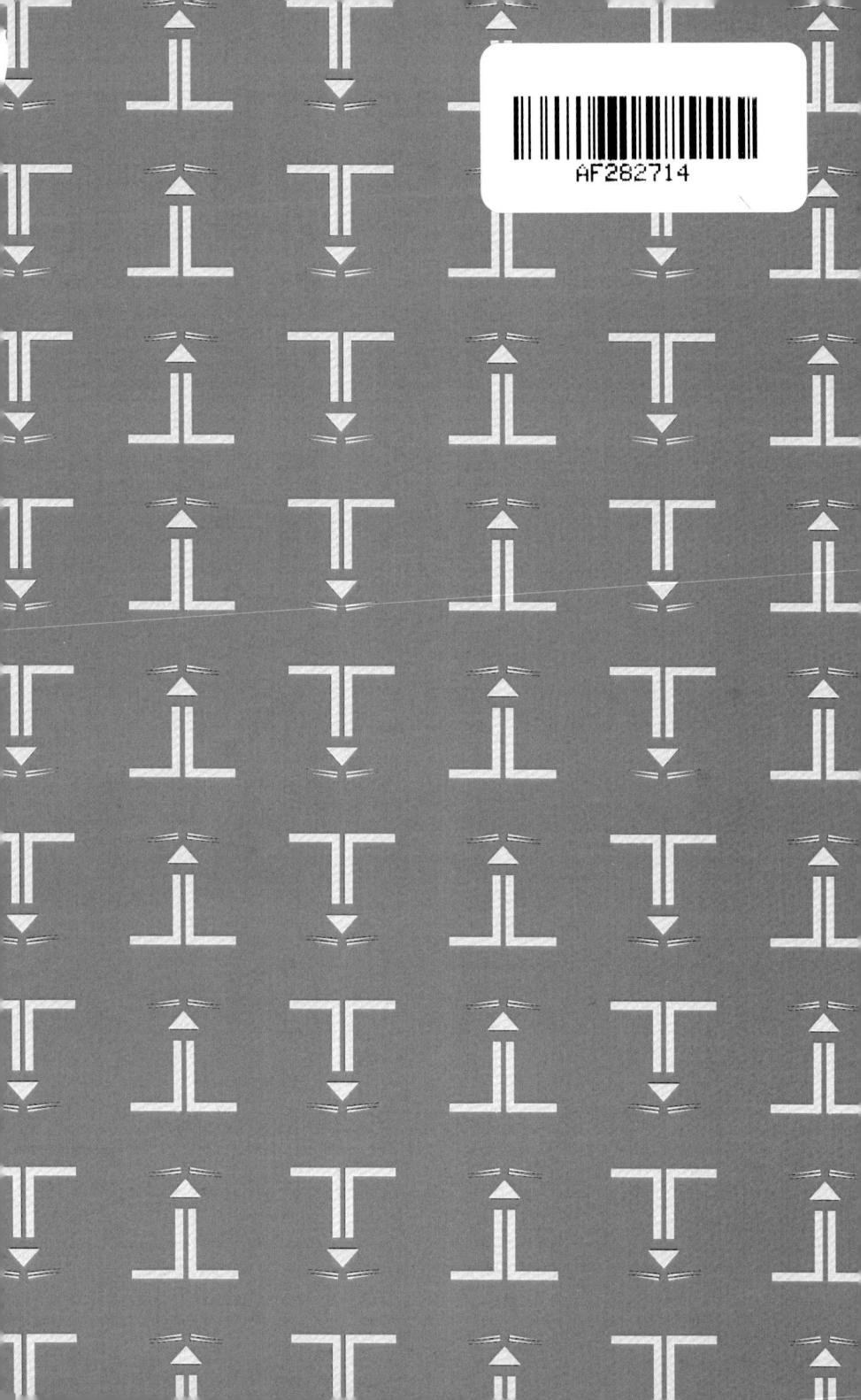

AF282714

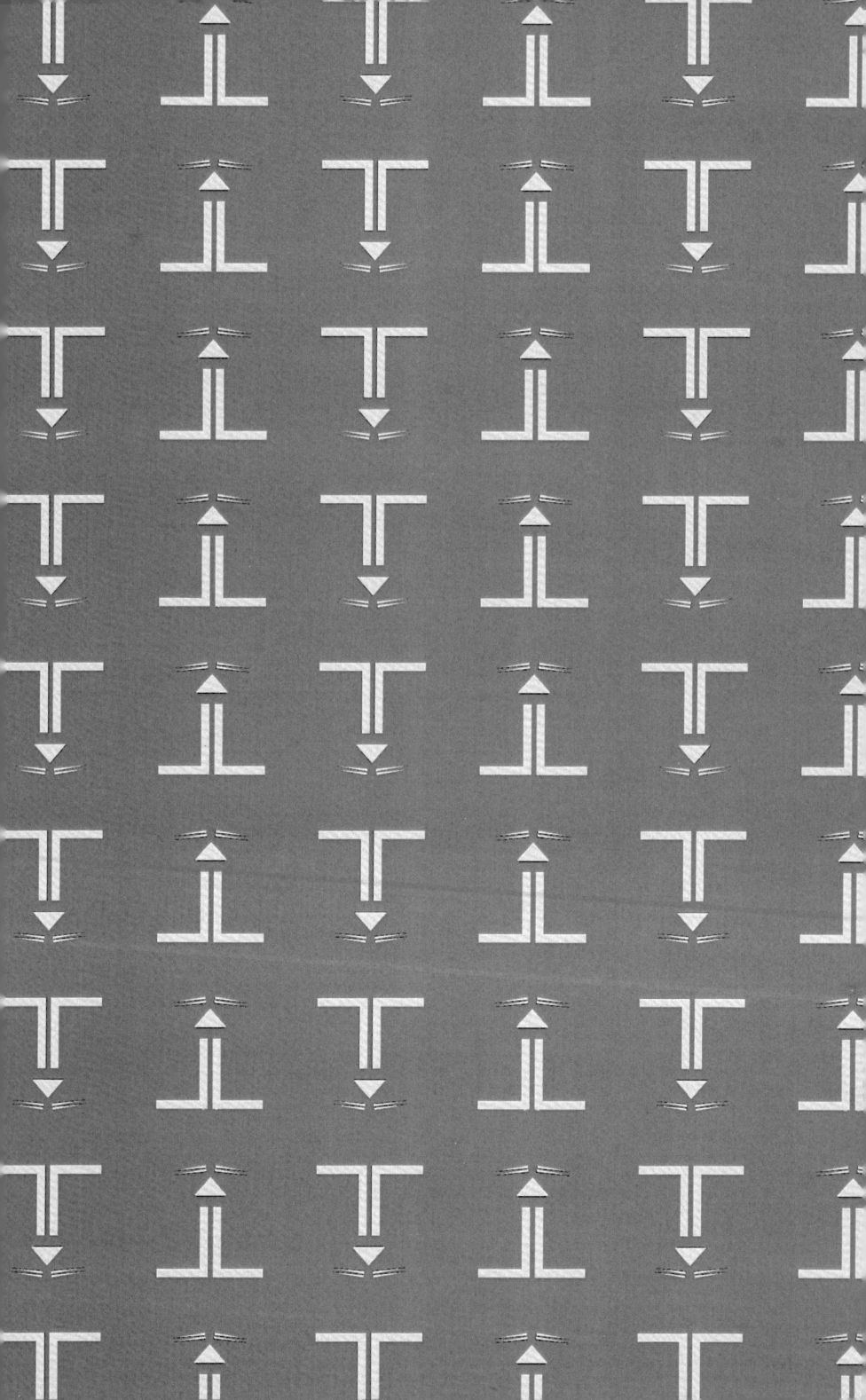

RE:Zamuria

I Premio de Poesía «Rostros»
Categoría «Bronce»

MANUEL GERARDI

TIGRES DE PAPEL

Primera edición digital, 2018, Rostros editores

De la presente edición, 2024

© Manuel Javier Gerardi Rodríguez

© Imagen de cubierta: Manuel Javier Gerardi Rodríguez

© Ediciones Tigres de Papel

C/Camino de Orusco, 19, chalet 7

28560 – Madrid

www.tigresdepapel.es

info@tigresdepapel.es

ISBN: 978-84-128619-0-7

Depósito legal: M-12963-2024

Impreso por: Industrias Gráficas Afanias

RE:Zamuria

Prólogo de la primera edición

El hecho de que exista la poesía, aún en medio de la guerra ciega que es el mundo que me tocó por suerte en estos tiempos, ya es en sí mismo esperanzador, y sobre todo sanador. Y pensar que dentro de ese pequeño ejército hay un joven poeta como Gerardi, lo es todavía más. Pero llegar a saber que él, como muchos, también es un brote de mi patria es como si hubiera sido yo misma la que lo parió, la que lo vio parir o la que nació junto a él. Cualquiera que esté al tanto, tan solo un poco, de la situación actual de mi país, de nuestro país, porque coincidencialmente Manuel es venezolano como yo, sabrá que lo que contamos quienes lo padecemos no es producto de la ficción y, lamentablemente, que la realidad supera con creces a la ficción. Y quien lea *Zamuria*, el espléndido libro que ahora tienen ante sí, de inmediato reconocerá en sus espejos convexos y paredes ciegas algo que, aunque no recuerde con claridad, jamás olvidará: el lugar de donde proviene. Es así, entonces, que llego a decir que leer a los jóvenes poetas es el alimento que me salva de las zanjas en donde no descansan mis muertos, de los sueños famélicos que me persiguen, de la idea cierta de que nada terminará bien. Gracias a los poetas, y a Manuel Gerardi, el canibalismo literario es cada vez una mejor opción. Y lo digo porque lo mejor que le puede pasar a una poeta como yo es leer a un poeta de verdad, como él. Es por eso que no me voy de la guerra, es por él, por la poesía y por libros como *Zamuria* que no pierdo la esperanza de estar en todos los lugares a la vez, como solo lo consigue la literatura de verdad. Así que, quien se atreva a salir, que cierre la puerta al salir, si es que sale.

ZAMANTHA CHACÍN ALBARRACÍN

Punto Fijo, abril, 2018

Comentario del autor en torno de una segunda edición

Esta suerte de prólogo estuvo a punto de no existir dado mi temor de que el poemario al que antecede ya no fuese más *Zamuria*, si bien el libro que se les presenta ahora conserva en gran medida su estructura e hilo temático, así como una buena parte de los versos que conformaron originalmente los poemas que en *Zamuria* aparecieron. Quiero decir que en esta edición se modificó, sustituyó y eliminó contenido de casi la totalidad de los textos; se trata, por tanto, del resultado de un largo proceso de revisión y reescritura. Asimismo, se añadieron al libro algunos escritos que en mi sentir pertenecían a *Zamuria* (aunque hayan sido concebidos posterior a su publicación con «Rostros Editores» o fuesen publicados previamente con «Un Basurero»), entre los que se hallan algunos inéditos. El prefijo «re-», añadido al título, da cuenta del carácter reiterativo de este concepto de libro, aunado al esfuerzo por reimaginar y reconstruir un trabajo que durante años me exigió revisitarle. Rehacer los pasos. Regresar para decir con otra voz. Renombrar. Para el autor un libro nunca está terminado.

Tras estos cambios, que incluyen el del título mismo de la obra y la adición de un capítulo o sección entera, se nos presenta el clásico problema de la identidad, esa pregunta por lo accidental y lo sustancial que bellamente ejemplifica la paradoja del barco de Teseo. ¿Puede haber una segunda edición si no se trata ya del mismo libro? Corregir algún gazapo o reescribir un par de versos parece admisible y no se considera suficiente para alterar la identidad de un libro. Recrear una edición con idéntica configuración respecto de sus caracteres, extensión, dimensiones, arte final y otros detalles de maquetación, viene a ser una reimpresión en toda regla. Pero *RE:Zamuria* no podría ser una reimpresión incluso si fuese rigurosa y exactamente una copia, porque *Zamuria* nunca llegó a imprenta. Por supuesto que tampoco se trata de una reedición en un sentido convencional, por todo lo que ya se ha expuesto. ¿Qué es, entonces, *RE:Zamuria*? La respuesta, si acaso importa, podría ser este prólogo en sí mismo, que a su vez contiene una apuesta heracliteana.

Dado que un libro está supeditado al agente lector y éste último cuenta con una naturaleza cambiante, dinámica, etc., no es descabellado afirmar que ni *Zamuria* ni cualquier otro libro puede considerarse un fenómeno unívoco y que tal cosa en la literatura, como en todo aquello susceptible de ser interpretado, es imposible. *RE:Zamuria* es una respuesta con copia de carbón oculta para todas y cada una de las lecturas que hayan podido y puedan desprenderse del texto original. Un diálogo libro-lector-libro devenido en carta abierta que reclama una misma esencia para la que ambos libros serían una hipóstasis. *RE:Zamuria* es también la reescritura de unos textos de juventud que recogen una serie de experiencias, las cuales, aunque inevitablemente intransferibles, me urgía replantear con una nueva mirada y por ende a través de nuevas imágenes. Jugar al juego de otra manera, como respuesta a lo que se dijo/hizo, como ejercicio literario y como cierre en un registro vital. El diálogo es lo que permanece.

En definitiva, considero que *RE:Zamuria* no niega a su antecesor ni lo suplanta, cualesquiera que hayan sido mis deseos e intenciones; en ese sentido es uno y el mismo libro.

Manuel Gerardi
Madrid, enero, 2024

ATRATUS

Eh, profeta—dije—o duende, mas
profeta al fin, ya seas ave o diablo—ya
te envíe la tormenta, ya te veas

por los ábregos barrido a esta playa,
desolado pero intrépido a
este hogar por los males devastado,
dime, dime, te lo imploro:

¿Llegaré jamás a hallar algún bálsamo
o consuelo para el mal que triste lloro?

Dijo el cuervo: ¡Nunca más!»

E<small>DGAR</small> A<small>LLAN</small> P<small>OE</small>
Fragmento de *El cuervo*
Traducción de Juan Antonio Pérez Bonalde.

Zamuria

Asoma una fiesta en cada techo
corona en dermis desnuda
abajo corren niños con tijeras
arriba aguardan la rapiña y su sombra
sea la pulsión de todas las muertes
ganando el pulso
un festín de carne en la mesa de Caín
aquí cada hombre es lobo
cada ave de carroña lo sabe
cada vuelo es Pascua
perenne carnaval de los martirios
de los días picoipala
              y procesión
gramaje de este cielo bien-poquito
en la hirviente soledad de los nombres
en la risa como flora de las tripas
en la huelga de mis dioses tan ligeros
con su encanto verdugueante
arrastrando rojamente escalofríos
rrrrrompiendo el eslabón perfecto
del absurdo
traqueteando en este mar

que ya emprendió la retirada
viniendo
como súbito deslumbre de venganza
con sus patas como flechas entre doce anillas
hacia atrás
hacia la curva del mundo
como sarna en la piel de la inocencia
como cólera en tu savia envilecida
sea el revoloteo
        sobre los techos
y los dedos que corren
y las olas
que retrocediendo se estrellan
contra el borde de las camas
quién iba a pensar en la cobardía de las aguas
y la muerte
qué sabrá la muerte de sus hijos
quedará para el futuro poco más que palabras
escritas en agua
un grafiti que anuncie el reino de los cielos
en la tierra
quizás para mañana
y todo lo que pueda comprarse
y lo que se pueda comer.

Fe

Bullicio bajo un techo sin soles
negra cúpula de todos los acontecimientos
llena como la historia está llena de trueno
llena de panzas vacías enrocándose al tiempo
conjunto interminable de pellejo y tripa
de monte y culebra
por quien fueron los padres y la sombra de los héroes
antes de que todo esto fuese la nada
yacimiento de astrónomos y astromelias
tierra baldía, Eliot, baldía por mil años baldía
ciudad real bajo las turbias aguas
del ocaso de los dioses
si los bardos cantasen nuestra historia
        [tensando los hilos de esta sangre
si arrancasen notas al olvido
                testimonios al silencio
nadie les creería.

La cáscara vacía

De ser cierto lo que dijo
el señor alemán   de la espesa barba
sobre la   naturaleza alquímica
de la   humanidad
si no nos engañó   su amigo aquel
que pagaba   las cuentas
sobre esa   capacidad del hombre
para construirse   a sí mismo
mientras transfigura al mundo
que lo mira   de vuelta
entonces   me urge saber
qué clase de   hombres somos
en esta tierra   virgen
que ni se mira ni se toca.

La torre de David

No puedo romantizar la naturaleza yo que
hice una vida en los escombros del deslave
por eso en mis sueños sobrevuela la muerte
entre luces de neón
y enormes centinelas de hormigón
arropan al fin el horizonte
denunciando la traición de la intemperie
no me sirve el raudo Orinoco
si en la carrera de los mundos nos toca siempre
                              [medalla de bronce
quiero Tokio, Times Square y *ciberpunk*
que la polución no nos deje entrever la silueta del Ávila
y el ruido de los carros silencie para siempre a los
                              turpiales
volverme a fuerza de resentimiento un poeta
                              [antibucólico
al menos por un tiempo
para luego hablar   nuevamente
de las venenosas espigas del progreso
del egoísmo de los arquitectos de este mundo
pronunciar *civis sum* en mi lecho de muerte
poco antes de partir entre imposturas

el cáncer más cruel y carnicero de todos
mi corazón una centrifugadora de microplásticos
toda mi sangre hecha un miasma maldito
y con mi último aliento
reírme en la cara de la Pachamama
alzarme por encima de su crueldad
caminante sobre mar de nubes
saldando una deuda
pues, a fin de cuentas
¿No fue Bolívar el que dijo
que la haría obedecer?

BASURA

A Carlos Padilla, Claudio Alfonzo, Gabriel Sojo,
Esteban Fonseca, Luis Baiz y Samuel Tineo,
los malandros del verso.

Y a quienes hicieron posible «Un Basurero».

ESTA CIUDAD
es un basurero
abandonados entre sus formas
somos poco más que residuo
no sabemos otra cosa
que el desecho
la basura es santuario y espejo nuestro
si nos compactan y reciclan es en vano:
no compensamos el gasto
somos todo colilla y vasito blanco de plástico
     con nuestro dedo de cerveza caliente
   bolsas mal cerradas   desbordantes
lo orgánico con lo inorgánico
lo cinético y la grieta
hemos acumulado compulsivamente
los restos de una era

buscando algo que valga la pena comer
algo que se pueda masticar y tragar
 y entonces decir
que la sensibilidad es una virtud tan grande
      [que no cabe en un
estómago
y pensar:
que la carroña de un hombre es tesoro para otro
soñando con hallar ese tesoro olvidado por
los otros
anhelo hecho mito entre dominios de lo inútil
del que emergimos nosotros su olvidada estirpe
queriendo ser ese alguien más que agarra por las patas
       [al deseo
ganar para siempre el privilegio de estorbar
de morir junto a todo lo que está de más
 de todos los que estamos de más
y así buscando nos quedaremos al sol hasta secarnos
sin más fibra de llanto microscópico
sin mayor miseria que echar a las oscuridades del
      [océano profanado
ni atrevernos jamás a hablar
del desperdicio que han sido nuestras vidas
o de lo que pudo ser

pues es verdad que nada nunca se pierde
cuando todo se ha dado
por perdido.

Insomne

Bajo sus ojos dos bolsas
de materia maldita
oscuro charco de palmeras
que invita al descanso
y la caída

nada mejor
que un poeta
para purgar del legado familiar
las andanzas de un militar
                    pensé

y sin embargo marchan
y marchan
las sombras
        y esas bolsas bajo unos ojos
        malditos a secas

            ¿Quién lo diría?

Dos de Oros

Diez de Espadas

    metal desnudo que atraviesa la mano

Dos de Oros

    al César lo que es del César
    mil veces por favor

así termina el juego de manos
en la diestra un billete arrugado
enfermo de tuberculosis
padre de la patria
cien o cien mil
o mil millones
de millones

el futuro es una ilusión óptica
y este cuerpo mío
así como lo te lo enseño
cabe bajo su larga manga.

Perro de cuneta

No quería venir
a donde nadie pasa

la otredad es una zanja abierta
y tropiezo.

VULTUR

«Y vi a un ángel que estaba de pie en el sol. Y clamó a gran voz, diciendo a todas las aves que vuelan en medio del cielo: Vengan, reúnanse para la gran cena de Dios, para que coman carne de reyes, carne de comandantes y carne de poderosos, carne de caballos y de sus jinetes y carne de todos [los hombres] libres y esclavos pequeños y grandes»

APOCALIPSIS 19:17-18

Ékleipsis

Un sol ajeno a todo lo que habíamos conocido
hasta entonces,
a todo lo que habíamos sufrido hasta entonces.
Este es el sol que ha descendido
sobre nuestras ciudades.

Rodolfo Hinostroza
Eclipse

I

Sol negro cenital
cuenca vacía en el entrecejo del cielo
¿tallarás sobre mis ojos tu anillo
de metralla?
¿me dejarás para siempre
una mirada cóncava?
¿honda como las zanjas que cavamos
para entrar todos en esta muerte?
¿insondable como veinte agujeros de bala
en el cuerpo de un niño?
¿abierta únicamente
hacia el pasado?

II

Despierto rodeado de láminas radiantes
un disco de nácar relumbra todo lo dispuesto
en mi encierro
borbotea una claridad cegadora
que pliega cada silueta en una larga sábana blanca
severa como mortaja de metal fundido
tan pesada que apenas logro levantar la vista
y al hacerlo noto que aquel círculo
parece la boca de un fusil
cañón alargado como túnel hacia dónde
ahuecado como mi cráneo poroso
cráneo nicho al que huyen las sombras
del terror de ser acribilladas por semejante luz panóptica
enjambre de la noche atropellándose por anidar
para siempre en mi vigilia
ahora que el relámpago enemigo cruje mi esclerótica
                            y la descascara
dejando solo un rumor de brasas en la espera
pura ansia de presagio por la sal derramada
finalmente me quebranta una simple idea:
despertar es comandar partículas con la retina
pero por más que intento
no recuerdo despertar.

III

Madre
podría jurar que huelo cómo se fermentan
los colores del mundo
siento la brusquedad de la vejez
amellando las líneas de tu rostro
sin siquiera tocarlo
y hasta oigo marchitarse el vuelo de las aves
lejos   lejísimos
mientras rasgan los últimos destellos
en éste el ocaso de nuestra patria.

El rey zamuro

El cóndor se ha hecho rey de los zamuros
quién le ha dicho vuela sobre nosotros
qué pico ha proclamado: dese gusto a todos
que ha venido la gran luz
qué cosa han escrito
los autores de la patria
qué lugar ocupa el cuerpo en el dolor
cuántas luciérnagas contiene su trono
dónde cuándo y dónde
emergió por vez primera la arena con su estampa
cómo han tejido con sus plumas el tapiz de los Andes
cuál será el día en que el sueño abandone nuestra lengua
y sea cuerpo celeste
a través de qué ventanas mirarán el aleteo sosegarse
por qué frunce el ceño la montaña
y por último si me lo perdonan
qué viento nos ha traído a sus garras
en pleno día
pensando que venía ebrio de azul el aire
con forma de futuro.

Quemarropa

Nuestros cuerpos alineados
hacen cien cuadras llaneras
mira hacia arriba y lo verás
el prólogo de los siglos

que muchos han sido esclavos
y otros pocos los amos
un día así como este
cosida al suelo mi cara

volarán las negras aves
en terrible algarabía
y a la hora del coyote
volverá el carnaval.

Prisa

No queda sino resignarme
al ver la goma gastada de mis zapatos baratos
consumida prematuramente por el asfalto
erosionada en un andar de prisa
entre multitudes
por miedo a quedarme quieto
y terminar descalzo.

No[1]

---

[1] Aunque el *no* sea tan sólo un simulacro no es en verdad negociable no nos queda sino ese último morfema no incluso si no hay nada más que decir a veces basta con decir que no mucho se habría ahorrado con un no sereno firme no no queremos te dije que no y si bien a veces ese *no* no impide que la piel reciba el embate del hierro vale la pena decir que no aunque el *no* sea tan sólo un simulacro.

El valle

Un rumor de caída
se acumula allí en el horizonte
recortando el cielo con sus violentos picos
como dientes
que mastican insaciables
y devoran y rompen
y agrietan
y roen todo a su paso
en el valle de mi tórax.

El otro

Lo tiramos en lo más profundo
de nosotros mismos
y lo olvidamos allí.

Oráculo

Como el destino la piedra:
morir bajo la propia casa
en la sangre de tu padre
en la sangre de tu madre
en tus dioses más profundos
y las negras llagas de su bien
como Furia innombrable tras de ti
tras de ti en el pico del quebrantahuesos
con la casa a cuestas
como unida a tu cuerpo-hueso
-morrocoy
en tus huesos cual terrible grafía
de las Furias
con su nombre verdadero
en el trazo arcano del patriarca
tan lejos para huir
del alud en tu cabeza
de tu escápula barranco ultimodía
y morir
bajo la propia casa
en el pico del quebrantahuesos.

En pico de zamuro

Quise derramarme
como brea en la noche
cansado de tan largos vuelos
sobre cielos portátiles
unirme al remolino de sombras
zopilotes
gallinazos y jotes
y otros tantos heterónimos que
alguna vez oyó la cordillera
trinar sus rezos a la vastedad del ensueño
ya perdido en los pasillos del aire
logré asirme al olor de la ceniza
¿quién gasta pólvora en zamuros?
muy abajo dibujándose la ingrata silueta

CATHARTES

He tratado de comprender el vuelo del zamuro

debe haber algo más sobre la circunferencia

que a esta hora me corona

aquí abajo vivo su círculo
hago de cada día el mismo día de hoy y de cada calle
mi propia prolongación

JORGE LUIS PAREDES
Fragmento de *Carroña*.

El Farallón o la roca de los pájaros

Sobre una roca grande que puede vislumbrarse desde el puerto de Pampatar se posan unos pajaros negros a observar a los pescadores. Uno de los hombres lleva consigo un dije de pepa e' zamuro, que es la semilla de Mucuna. Negra y ovalada del tamaño de un ojo, para protegerlo, justamente, del mal que habita ciertas miradas.

He visto que la raíz de un zamuro
no está en los cielos sino en el mar
su tallo un sedimento de naufragios
y de falsos profetas
te digo que descienden de aquellos
pájaros con cabeza de mujer
que los antiguos llamaron sirenas
mas su cantar es como el llanto sordo
de la piedra
su mirada el vértigo del acantilado
anzuelo lunar del adiós
no temas al zamuro, mijo
como tampoco ha de temerse a los muertos
sino a los vivos

su mirada es tu amuleto
nada llevas contigo excepto la materia inmortal
de su silencio
y si el mal se cierne sobre los tuyos
sabrás volar
atajar el vértice del pensamiento sobre el aire
en la hora más fría celebrar
los vastos hilos de sombra
si el mal se cierne sobre ti
ser la roca
el tiempo
lo inmutable del quebranto
la magna lucha
el faro de la insurrección
la costa   el guaral   las ocultas corrientes del fuego
como la sal
sabrás esperar
que tras el claro día siempre llega la noche
como una ola
siempre llega la noche.

Nota a Ícaro

A Jorge Andrés Medina
en su búsqueda por el hombre alado.

A veces volar puede ser
hallarse siempre
a la altura de las circunstancias.

Cota Mil

and if a ten-ton truck
kills the both of us
to die by your side
well, the pleasure -
the privilege is mine.

MORRISEY

Llévame de paseo que
nadie me espera en jardín bajo arrebol
sácame de este eterno domingo que no acepta
alternativa   llévame
a manejar por la autopista y pongamos
la misma pieza de Prokófiev   a todo volumen
una y otra

                y otra vez
el Clio una banda marcial anónima que
imagina lo real en plena incertidumbre
seamos heraldos de la vida en dirección contraria
pasemos con prisa allí donde yacen
los hombres que mueren
            [los muertos no sospechan de la huida
o lo que es igual
demos vueltas en círculos

como agujas en la arteria del litoral
yo bajaré la ventana y saludaré
aunque realmente no pueda ver
                    el arrebol esté en mis ojos
un olor a mandarina cuele desde los asientos
ah, el jardín   diré entonces
y si allí nos embiste el final del camino
así sea.

Otoño

Veintitrés años atrás mi madre cumplió sus treinta
podría decirse que aquel día el tiempo se detuvo
ahí junto al roble desnudo y los globos de colores
que inflamos con esmero mi prima y yo
con los cachetes morados y los dedos
llenos de goma y saliva

hoy mamá luce exactamente igual
largo cabello rubio y la balanza que le muestra un
                                                    [sesenta
pues no se ha inventado máquina alguna que calcule
cuántos kilos pesan las ausencias
y al verla parece más fácil que marchite una piedra
a que se agote la belleza de sus rasgos
su gesto de ámbar   el lunar maquillado junto a la boca
y la voz a cargo del mundo
conmigo pasa que aún sigo dejándome el aliento
en lindos cadáveres de colores
que se quedan regados por el piso
pegados por aquí y por allá
derritiéndose en una mueca que resulta extraña
hasta para mí

vivo agitado   con la cara entumecida
y la balanza que me estalla a los pies
cediendo ante el peso de unos botines talla 16 cediendo
ante el peso de haber sido hijo único cediendo ante el peso
de no haberlo sido
cediendo

mamá tiene patas de gallo
y la mirada ausente
he visto a mi prima unas tres veces en los últimos diez
[años
ya no tiene los dedos manchados
quisiera decirle que venga
quiero que me ayude a tirar lejos la piedra
que la veo mustia.

Agapé en Los Chaguaramos

No está bien utilizar la palabra «chaborro» en un poema
ni abusar de neologismos escribiendo versos como
pana   somos unos caimanes
pero entre birra y birra en las taguaras de
                              [Los Chaguaramos
siendo nuestro Ágora un Tabacal
habrá que aceptarlo
con nuestras conversaciones plagadas de oxímoron
no sí
demasiado poquito
un frío candela
además de la alarmante costumbre de entrar en guerra
                              [sin fortín para la retirada
checkpoint   checkmate
a pesar de ello aún digo que pienso llegar alto con la
                              [ayuda de mis amigos
aunque en mi delirios me imagine como Ringo Starr
y dé fe de que también me tripeo a Héctor Lavoe
sabiendo que nunca voy a encajar con el perfil
                              [tropicaliente
aunque vaya por el mundo arrastrando el Caribe como
                              [una puñalada

pero capaz hasta eso me lo perdonen
me absuelva algún día la memoria de mis panas
de las tardes de vamos a comernos unas arepas
                    [de sardina en lata porque no hay
                        [nada más   en las noches
de hablar de la poesía y que me digan
que adjetivo demasiado
y justo ahora mudo la piel hermética
para abusar de los coloquios
aunque no me reconozcan
amigos míos
diré que pudo ser el *bildung*
el Espíritu de los pelabolas como ariete de la razón
                                        [filosófica
ocasionando inadvertidamente el fin de la historia
igual no me interesa que nadie más me recuerde
nadie fuera de la vanguardia brutalista del albor de los
                                        [tiempos
de la cofradía de las rampas invisibles que llevan al
                            [misterio revelado
ni nada ni nadie fuera del laberinto de las mil y una
                            [guacharacas
lleguemos alto
mis amigos

muy alto
y no miremos hacia abajo.

Puente Hierro

Soñé regalarte una máquina de hacer poemas
y levantar una pequeña fábrica
sobre los techos de Puente Hierro
replicarme como estribillo en el espacio donde fui tótem
donde viví como tótem
y me erguí pétreo en santo ritual
caminando descalzo y construyendo santuarios
per omnia saecula seculorum
quise doblar toda risa en alegre mímesis
ser instrumentos del trance
y acumular toda plusvalía del canto y de los días

alguna vez dijiste luz
emplumada aurora
ternura en fuga
                combate-azar
                y entonces no hubo nada que añadir
ahora sé que las palabras
se sueltan para siempre
y no vuelven joviales
¡Kokoo! ¡Kokoo!
lo que resuena es el duelo de la vida lejos
el eco es el tabú de todos los temas.

Última hoja

Niño
perdido
¿en qué rostro
dejaste tu techo?

COLUMBA

¿Has visto este pájaro de islas lejanas
Arrojado por la marea a los pies de mi cama?
¿Has visto el anillo hipnótico que va de ojo a ojo
Del amor al amor del odio al odio
Del hombre a la mujer del planeta a la planeta
¿Has visto en el cielo desierto
La paloma amenazada por los años
Con los ojos llenos de recuerdos
Con el pecho lleno de silencio
Más triste que el mar después de un naufragio?.

Vicente Huidobro
Altazor

Pregón de ahogado

Sólo he amado a los hijos del sol
a la herrumbre de sus cuerpos
razón de piedra
marea temible tempestad
que no conoce la prudencia
y engulle su derrota

sólo he amado a las mujeres rojas
        hechas de arena
con su lengua salina
que abrasa
que convierte   todo lo que toca
en vaivén de oleaje.

Topografía del desahucio

I

Largo es el pasillo de la ausencia
en esta casa desnuda
por cada tramo gravitan nostalgias sin nombre
como esperando un tropiezo

algún gesto imprudente que las haga destino
el eco me devuelve frías las palabras que invento para
ahuyentarlas
mi llanto deviene línea recta interminable
hacia la muerte térmica que es tanto silencio
todo es frío
ya no encienden las hogueras submarinas
fulgor de ternura
ha caído la muralla océano que fue nuestro refugio
derruida en el olvido
meto sólo los pies
para no ahogarme en el naufragio de mi infancia
hay más allá como las ruinas de Cubagua
y tengo miedo
pero no del mar
sé que arrastro la humedad con mi voz
que llevo el salitre en el tallo cósmico de mi ser
por eso las paredes se brotan
con el moho de lo que nunca pude
misteriosa simetría de las manchas
carta marina de lo que vivimos.

II

en esta casa las ventanas
son meras transparencias
que dan al entresueño
a veces me asomo al interior
de un cuarto fluorescente
veo cómo se hinchan de trueno
las sienes del sol
paréntesis puñal de fuego
que me dejó de rodillas
cuerpo ola rompiendo contra el resplandor
de una cuadrícula infinita de baldosas
tan agotado
tan sediento del jugo de la noche

así un día pensé en la muerte
estaba solo y entonces oí a la muerte
hablándome por primera vez
me dijo que nunca sería yo lo inexorable
que no se puede domesticar la calle
ni a lo oscuro que se cierra bajo las aguas
cuando desliza el ocaso

que mientras cuentas los años pasan los años
                    álgebra absoluta de Dios
y que tendría que aprender toda la vida
a lidiar con esa vergüenza insoportable
que supone nacer para morir
y encima darte cuenta.

III

mi casa es una isla
para crecer lejos del deslave
casa pseudoesfera de todos los espacios y ninguno
casa   mi abuelo siempre quiso regresar a España
y por ahora y mientras
cimentó más de cuarenta años de espera
casa flor de cayena
Caribe marchito en nuestras bocas
casa de mujeres y de padres ausentes
casa de David y de Leonardo
de Daniel y de José
casa Nintendo   VHS
        monedas de níquel souvenir de La Habana
casa me encerré en el baño a llorar

porque mi abuela se iba y no volvía más
casa no estés descalzo llevas los pies mugrientos
por la planta se meten los bichitos que te enferman
[capaz por eso ahora me siento tan triste
casa mamá gracias por todo incluso por aquello
que aun no entiendo
casa diacronía de la huida
casa tartamuda
casa siempre prestada
casa subieron otra vez el alquiler y nos tenemos que
                                        [mudar
y nos tenemos que mudar y nos tenemos que mudar
casa   *whenever I'm alone with you*
you make me feel like I am home again
casa avatares de un Dios enredadera
casa ojalá fuese esta mi casa
porque mi casa es una isla para crecer
lejos del deslave
y aún escucho el rumor de caída
violento caudal que crece
al corazón de la aridez.

IV

yo dije   ábreme
que estoy afuera
con una mano jugando a plegar
los puntos cardinales
como queriendo hacer un sobre inmenso
donde meterme yo
con mi hambre envasada
al vacío
y escribir en el reverso
toda la onomástica de las nostalgias
con su legado azul ultramarino

ábreme   que estoy afuera
repetí
la ventana descollando
sobre la noche agreste
como la antena
de un pez
abisal

supongo que todos dormían.

V

durante muchos años

solo frente a una puerta

cerradacerradacerradacerrada
cerradacerradacerradacerrada
cerradacerradacerradacerrada
cerradacerradacerradacerrada
cerradacerradacerradacerrada
cerradacerradacerradacerrada
cerradacerradacerradacerrada
cerradacerradacerradacerrada
cerradacerradacerradacerrada
cerradacerradacerradacerrada
cerradacerradacerradacerrada
cerradacerradacerradacerrada
cerradacerradacerradacerrada
cerradacerradacerradacerrada
cerradacerradacerradacerrada
cerradacerradacerradacerrada
cerradacerradacerradacerrada

ignoré lo que realmente era

estar afuera y saberme

VI

quién sabe
si danzarán los astros   si habrá techo
sobre mis   que pueda
no-lugares   resguardarme
murmurando   de la intemperie que habita
horóscopos secretos bajo su   en el corazón humano
espesura celeste   o palabra
abuhardillada   que recorte tempestades
y haga correr sobre mí el vértigo
si tras la ansiosa huida   de esta lluvia
perderé al fin   primigenia
a mis verdugos
y alcanzaré los extramuros del desierto   si el umbral de esta casa
será para mí
como una sonrisa serena
si de su sala brotará el árbol
de todos los signos
como emergiendo
de un vientre
trasmundano
si   será
ese   árbol
un guayabo
perenne
Yggdrasil
o Pariyata
y   de   ser   el
ca   so   quién   sabe
si   habrá   llega   do
la   hora   de   quedarme

Cierra la ventana al salir (si es que sales)

Zamuro:

ave de la familia catártida
del griego catarsis porque limpia
se redime en la tragedia de esta ciudad caníbal

criatura digna que no mata
que pone buena cara ante el muerto
que habita el desahucio

ave poeta pionera del verso *ready-made*

ave del trópico que no posa en busto de Palas
pero sí de María Lionza

ave que come de nosotros sin delatar el mal olor

un día heredará las tierras
de la fatal arrogancia.

ÍNDICE

CATHARTES

COLUMBA

TIGRES DE PAPEL

La presente edición de *Re:Zamuria,*
de Manuel Gerardi, se terminó de imprimir
el día 5 de junio, aniversario del nacimiento
del poeta español Federico García Lorca.
Esta edición consta de trescientos (300) ejemplares
numerados, de los que el presente hace el número

078

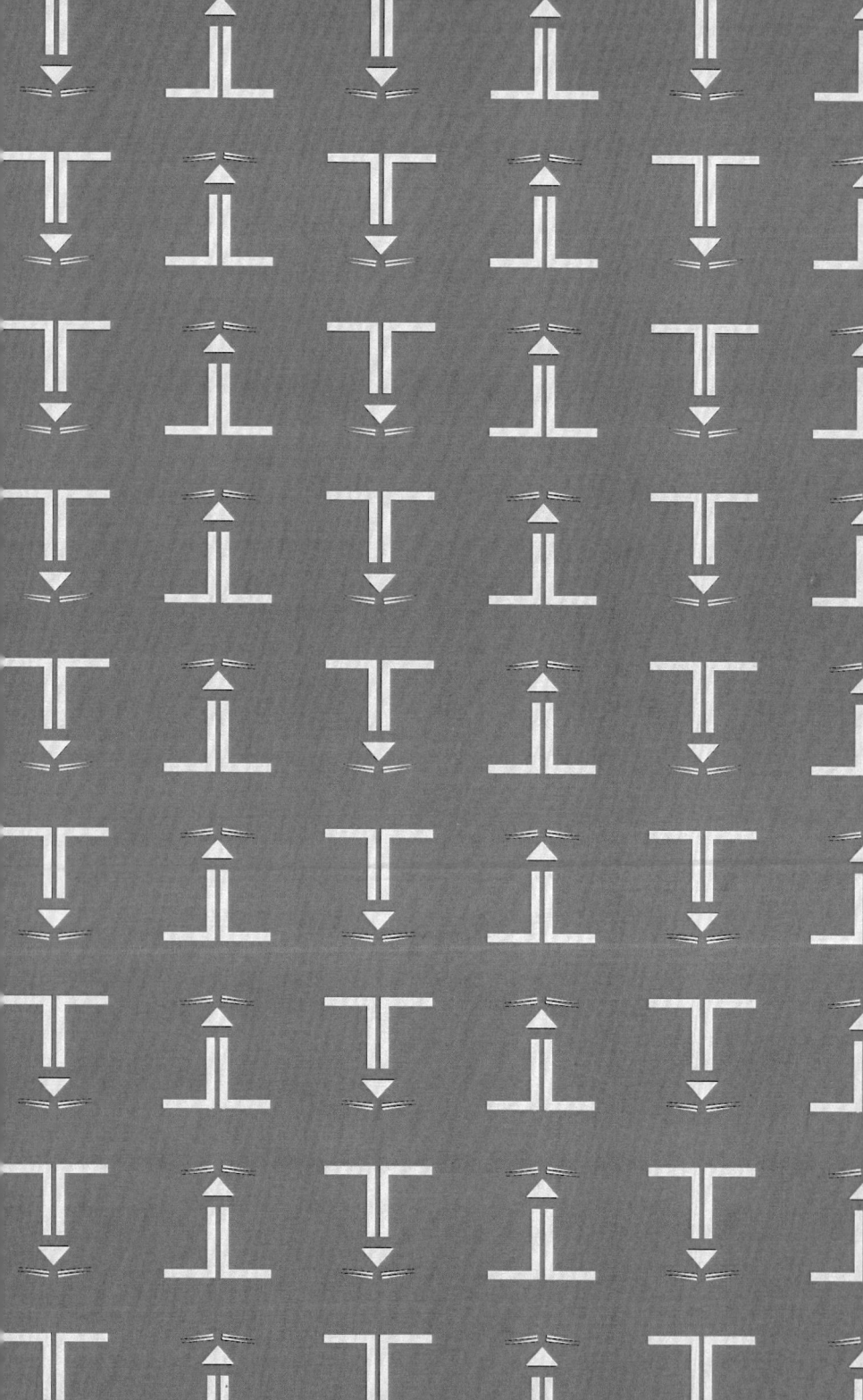